はじめに

「地刺し」とは戸塚刺しゅうの代表的な手法のひとつで
布目をひろいながら、1種類のステッチまたは数種類の
ステッチを自由に組合せて模様をつくる技法の総称です。
クロスステッチも「地刺し」のひとつです。
創業者の戸塚きくは明治31年生まれ。
昭和の初期にはまだ珍しかった西洋刺しゅうは美しく
華やかで、当時の女性の間での憧れでもありました。
そんな刺しゅうに独自のアレンジを加えて、さらに自由で
多様性に富んだ表現を生み出しました。
この本では初めての方でも簡単に刺せるステッチを使い
楽しめる地刺しをご紹介しています。
「地刺し」は初心者の方でも解説どおり刺すと見本と
同じ仕上がりを楽しむことが出来ます。
どことなくレトロな雰囲気も魅力のひとつではないでしょうか。

1 白いお花のサンプラー

a

b

c

1 白いお花のサンプラー

材料
- ●コスモ65100番ジャバクロス65　15×15cm（一個分）。
  - **a**　89フローズンブルー
  - **b**　10オフホワイト
  - **c**　54ノーブルグレー
- ●コスモ25番刺繍糸　グレー151、477。

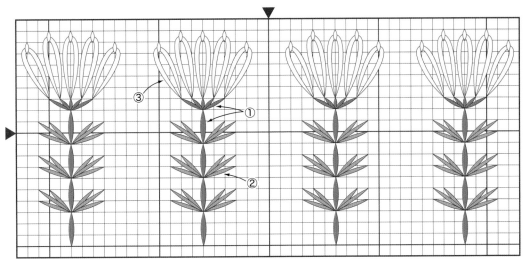

①バック・S、ストレート・S 477(3)
②ストレート・S 477(1)
③レゼーデージー・S 151(4)

2 青いお花のサンプラー

a

b

2 青いお花のサンプラー

材料
- ●コスモ65100番ジャバクロス65　15×15cm（一個分）。
  - a　10オフホワイト
  - b　54ノーブルグレー
- ●コスモ25番刺繍糸
  - a　ブルー734　グリーン634　黄772。
  - b　ブルー734　白110。

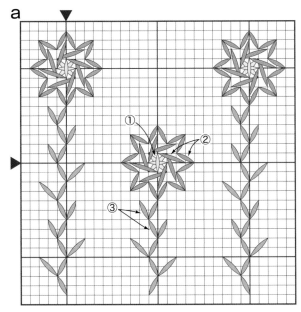

①ダブルクロス・S 772(4)
②ストレート・S、バック・S(山形に刺す) 734(4)
③バック・S(山形に刺す)、ストレート・S 634(3)

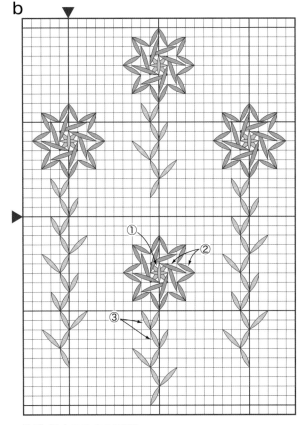

①ダブルクロス・S 110(4)
②ストレート・S、バック・S(山形に刺す) 734(4)
③バック・S(山形に刺す)、ストレート・S 110(3)

3 花モチーフ

a

b

3 花モチーフ

材料
- コスモ65100番ジャバクロス65　15×15cm（一個分）。
  - a　10オフホワイト
  - b　54ノーブルグレー
- コスモ25番刺繍糸
  - a　ピンク433　グリーン684。
  - b　ブルー983　白110。

a

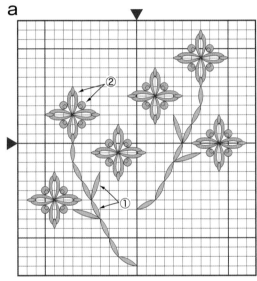

①バック・S、ストレート・S 684(3)
②レゼーデージー・S、フレンチナット・S 433(3)

b

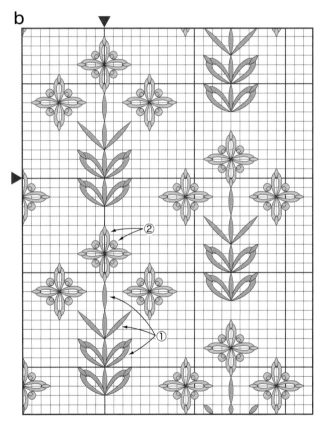

①バック・S、レゼーデージー・S、ストレート・S 983(3)
②レゼーデージー・S、フレンチナット・S 110(3)

4 ブルーの花のミニ額

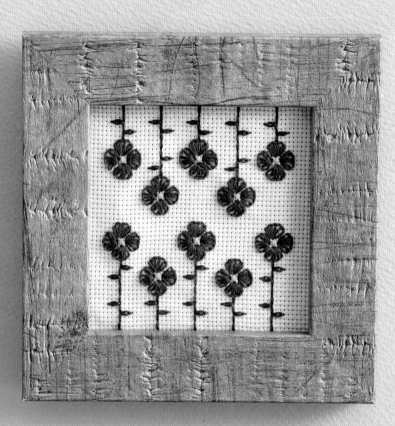

4 ブルーの花のミニ額

材料

- ●コスモ65100番ジャバクロス65(10オフホワイト)
  20×20cm。
- ●コスモ25番刺繍糸　ブルー2167　グリーン636
  黄701。
- ●接着芯　20×20cm、市販の額縁[内寸:9×9cm]。

仕立て方

刺しゅうを終えたら、裏に接着芯を貼り、額縁の大きさに
合わせてカットし、はめ込みます。

③レゼーデージー・S+ボタンホール・Sの刺し方

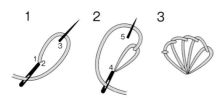

①バック・S、レゼーデージー・S 636(3)
②ダブルクロス・S 701(3)
③レゼーデージー・S+ボタンホール・S 2167(3)

5 花模様のミニ額

材料
- コスモ65100番ジャバクロス65(10オフホワイト) 20×20cm。
- コスモ25番刺繍糸 黄2005 赤2343 グレー473 ブルー731 グリーン922。
- 接着芯 20×20cm、市販の額縁 [内寸:9×9cm]。

仕立て方

刺しゅうを終えたら、裏に接着芯を貼り、額縁の大きさに合わせてカットし、はめ込みます。

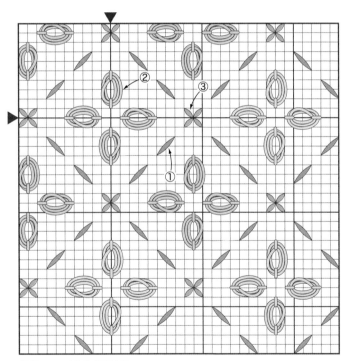

①ランニング・S 473(4)
②レゼーデージー・Sの応用 2005、731、922 各(3)
③ストレート・S 2343(2)

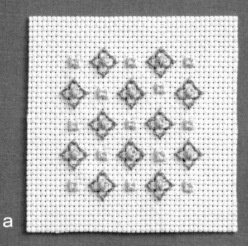

a

b

6 ドットと花束のパターン

材料
- コスモ65100番ジャバクロス65（10オフホワイト）　15×15cm（一個分）。
- コスモ25番刺繍糸
  - a　ピンク461　グリーン534A、924。
  - b　紫2762　黄771　グレー891。

a

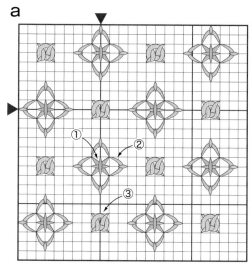

①ダブルクロス・S 534A(4)
②オープンレゼーデージー・S 924(3)
③四角いジャーマンナット・S 461(4)

b

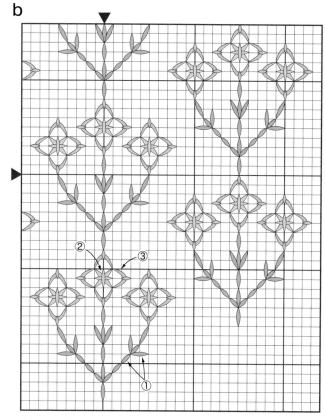

①バック・S、ストレート・S 891(3)
②ダブルクロス・S 771(4)
③オープンレゼーデージー・S 2762(3)

7 野原の風景

a

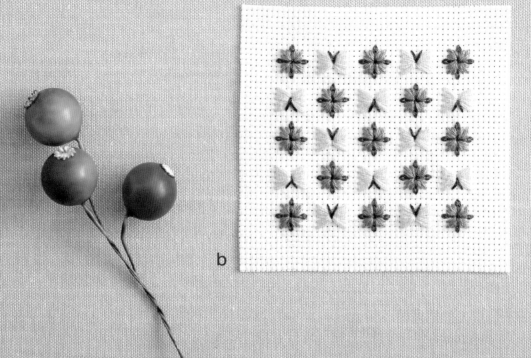

b

14

7 野原の風景

材料
- ●コスモ65100番ジャバクロス65　15×15cm（一個分）。
    - a　54ノーブルグレー
    - b　10オフホワイト
- ●コスモ25番刺繍糸
    - a　グリーン635A　黄772。
    - b　グリーン687　黄701　ブルー982・984。

a

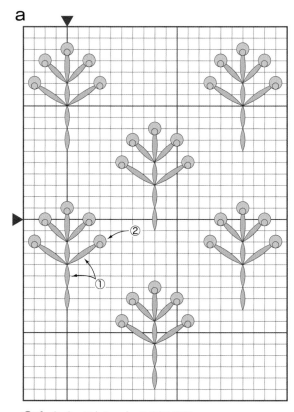

①バック・S、ストレート・S 635A(2)
②フレンチナット・S 772(4)

b

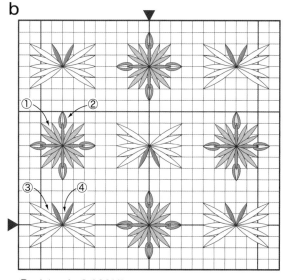

①ストレート・S 982(4)
②レゼーデージー・S 984(2)
③ストレート・S 701(4)
④ストレート・S 687(2)

a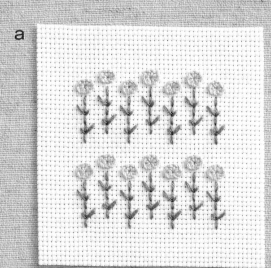

b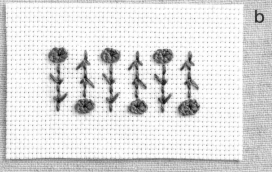

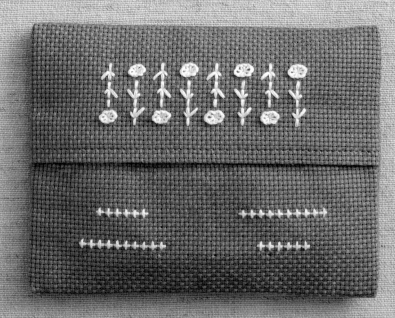

9 たんぽぽのポケットティッシュケース

16

8 たんぽぽのモチーフ

材料
- コスモ65100番ジャバクロス65(10オフホワイト)
  15×15cm(一個分)。
- コスモ25番刺繍糸
  - a グリーン674 黄771。
  - b ブルー734 グレー894。

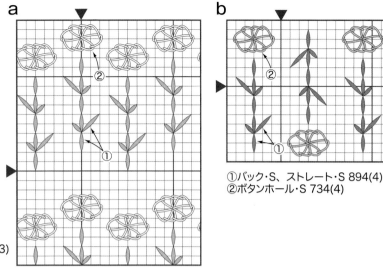

①バック・S、ストレート・S 674(3)
②ボタンホール・S 771(4)

①バック・S、ストレート・S 894(4)
②ボタンホール・S 734(4)

9 たんぽぽのポケットティッシュケース

材料
- コスモNo4645(6ビンテージブルー)
  ポケットティッシュケース 1個。
- コスモ25番刺繍糸 白110。

上端から9目

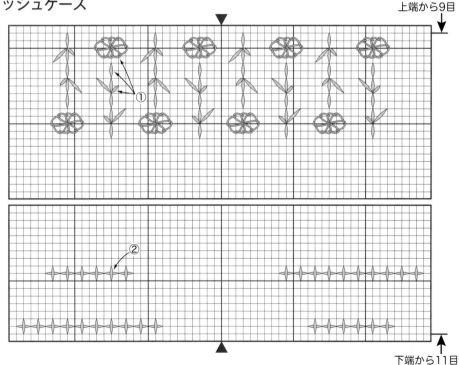

①バック・S、ストレート・S、
　ボタンホール・S 110(4)
②クロス・S 110(3)

下端から11目

11 赤い小花のピンクッション

10 お花のスクエア模様

a

b

10　お花のスクエア模様

材料
●コスモ65100番ジャバクロス65(10オフホワイト)　15×15cm(一個分)。
●コスモ25番刺繍糸
　a　黄2006　ブルー982。
　b　ブルー2212　グリーン924。

a
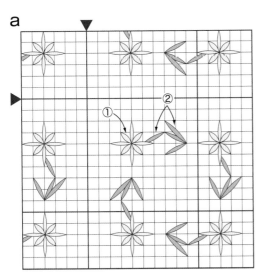

①ストレート・S 2006(3)
②バック・S、ストレート・S 982(3)

b
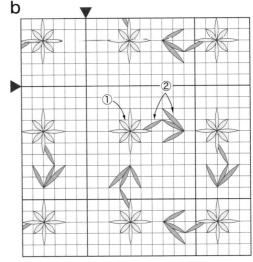

①ストレート・S 2212(3)
②バック・S、ストレート・S 924(3)

11　赤い小花のピンクッション

材料
●コスモ65100番ジャバクロス65(10オフホワイト)
　20×20cm。
●コスモ25番刺繍糸　グリーン327　赤346。
●ウッドボウル(ナチュラル)　1個　手芸用綿　適宜。

●刺しゅうは、仕上がりよりも多少多めに刺すように
　します。

61ページ 参照

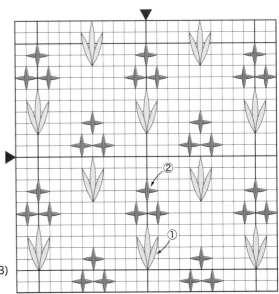

①ストレート・S 327(3)
②クロス・S 346(4)

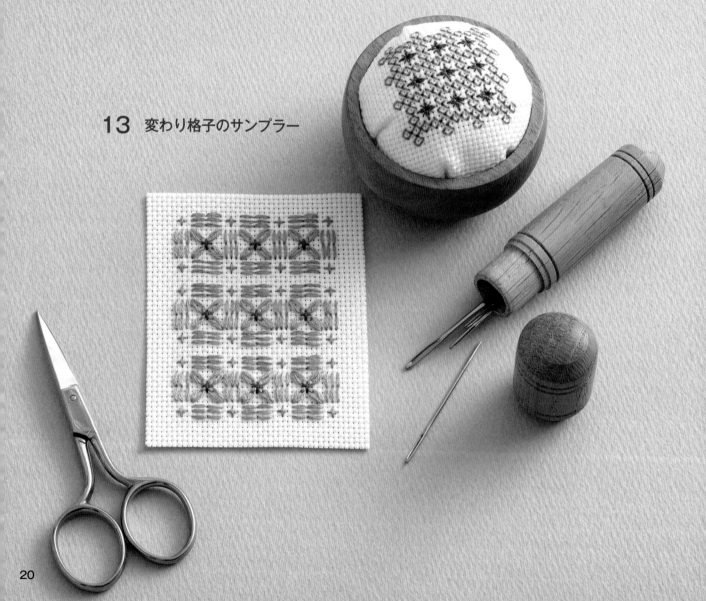

12 格子模様のピンクッション

13 変わり格子のサンプラー

20

12 格子模様のピンクッション

材料
- ●コスモ65100番ジャバクロス65(10オフホワイト) 20×20cm。
- ●コスモ25番刺繍糸　グレー369　黄774　ブルー984。
- ●ウッドボウル(ナチュラル)　1個　手芸用綿　適宜。

 仕立て方 61ページ 参照

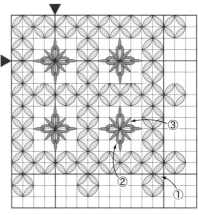

①バック・S(山形に刺す) 774(2)
②レゼーデージー・S 369(2)
③ストレート・S 984(1)

13 変わり格子のサンプラー

材料
- ●コスモ65100番ジャバクロス65(10オフホワイト) 15×15cm。
- ●コスモ25番刺繍糸　グレー367　グリーン632　ブルー665、2981。

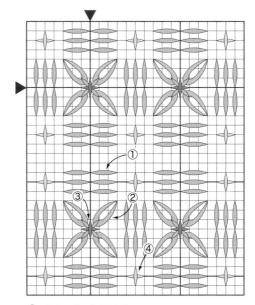

①ストレート・S 367(3)
②レゼーデージー・S 2981(4)
③クロス・S 665(2)
④クロス・S 632(2)

14 花模様のがま口

15 オーバルの花模様

14　花模様のがま口

材料
- コスモ65100番ジャバクロス65(10オフホワイト)
  ヨコ30×タテ20cm。
- コスモ25番刺繍糸　茶577A　ブルー735。
- 裏布用木綿地　ヨコ30×タテ20cm、5.5cm巾口金
  1個。

 仕立て方　62ページ 参照

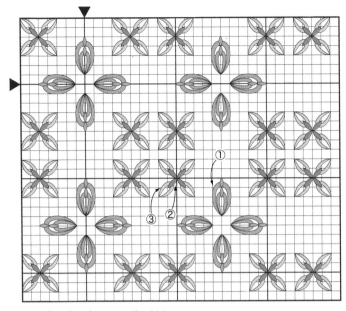

①レゼーデージー・S(二重に刺す) 577A(4)
②ストレート・S 735(3)
③レゼーロープ 735(6)

15　オーバルの花模様

材料
- コスモ65100番ジャバクロス65(10オフホワイト)
  15×15cm。
- コスモ25番刺繍糸　ピンク653　ベージュ716。

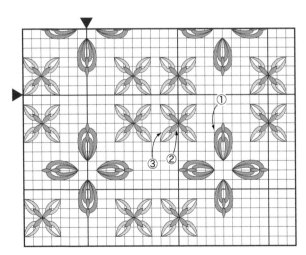

①レゼーデージー・S(二重に刺す) 716(4)
②ストレート・S 653(2)
③レゼーロープ 653(6)

16 バラのがま口

17 バラのオーナメント

16 バラのがま口

材料
- コスモ65100番ジャバクロス65(10オフホワイト)
  ヨコ30×タテ20cm。
- コスモ25番刺繡糸　黄2006　グリーン636
  ベージュ716。
- 裏布用木綿地　ヨコ30×タテ20cm、5.5cm巾
  口金　1個。

- 刺しゅうは、仕上がりよりも左右に多少多めに刺
  すようにします。

 **仕立て方** 62ページ 参照

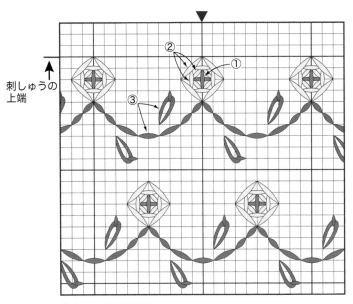

①クロス・S 636(4)
②バック・S 2006(6)
③バック・S、レゼーデージー・S 716(3)

17 バラのオーナメント

材料
- コスモ65100番ジャバクロス65(54ノーブルグレー)
  20×20cm。
- コスモ25番刺繡糸　グリーン685　ピンク853。
- 刺しゅう枠(8cm)　1個。

 **仕立て方** 61ページ 参照

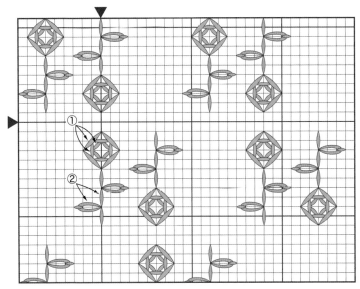

①バック・S 853(6)
②バック・S、レゼーデージー・S 685(4)

18 バラのミニ額

18 バラのミニ額

材料
- コスモ65100番ジャバクロス65(10オフホワイト) 20×20cm。
- コスモ25番刺繍糸　赤857　グリーン925。
- 接着芯　20×20cm、市販の額縁[内寸:9×9cm]。

刺しゅうを終えたら、裏に接着芯を貼り、額縁の大きさに合わせてカットし、はめ込みます。

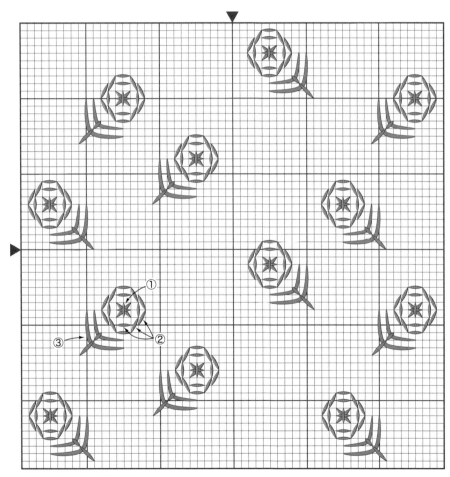

①ダブルクロス・S 857(4)
②ストレート・S、バック・S 857(4)
③リーフ・S 925(4)

19 シンプルステッチのミニ額

19　シンプルステッチのミニ額

材料
- ●コスモ65100番ジャバクロス65(10オフホワイト) 20×20cm。
- ●コスモ25番刺繍糸　グリーン684・686　黄774。
- ●接着芯　20×20cm、市販の額縁[内寸:9×9cm]。

仕立て方

刺しゅうを終えたら、裏に接着芯を貼り、額縁の大きさに
合わせてカットし、はめ込みます。

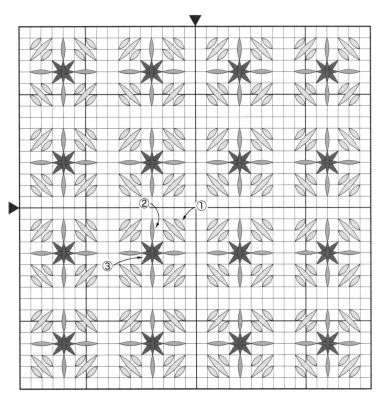

①ストレート・S 684(4)
②ストレート・S 774(2)
③ダブルクロス・S 686(2)

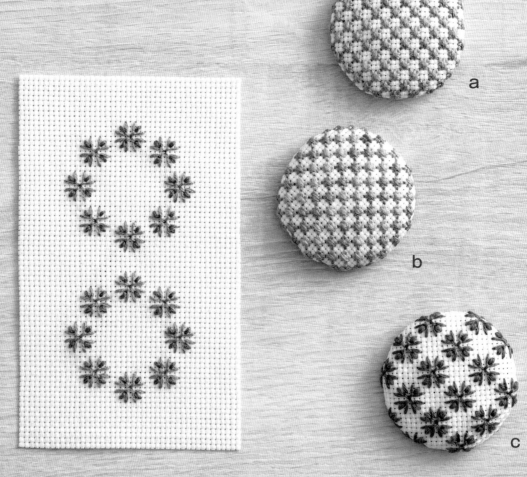

21 くるみボタンのサンプラー

20 お花のサークル模様

20　お花のサークル模様

材料
- ●コスモ65100番ジャバクロス65(10オフホワイト) 15×15cm。
- ●コスモ25番刺繍糸　グリーン673　ピンク855。

21　くるみボタンのサンプラー

材料
- ●コスモ65100番ジャバクロス65(10オフホワイト) 15×15cm(一個分)。
- ●コスモ25番刺繍糸
   a　黄772　グレー892。
   b　グリーン631　ブルー663。
   c　ブルー166　ベージュ716。
- ●くるみボタンパーツ(直径4cm)　1個(一個分)。

- ●刺しゅうは、仕上がりよりも多少多めに刺すようにします。

①オープンレゼーデージー・S 673(3)
②ストレート・S 855(6)

仕立て方　64ページ 参照

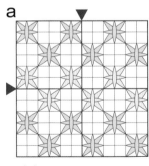

a

ダブルクロス・S
772、892 各(4)

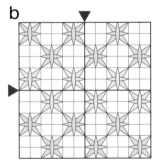

b

ダブルクロス・S
631、663 各(4)

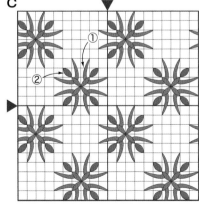

c

①オープンレゼーデージー・S 716(3)
②ストレート・S 166(8)

22 しずくのサンプラー

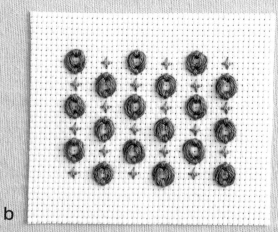

a

b

22 しずくのサンプラー

材料
- コスモ65100番ジャバクロス65（10オフホワイト）
  15×15cm（一個分）。
- コスモ25番刺繍糸
  a 黄2004　ブルー664A。
  b ベージュ715　ブルー734。

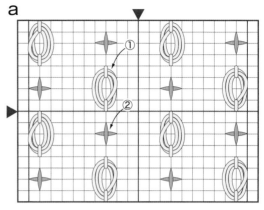

①レゼーデージー・Sの応用 2004(4)
②クロス・S 664A(1)

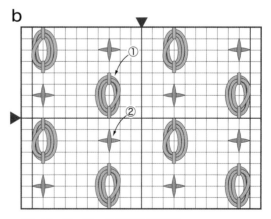

①レゼーデージー・Sの応用 734(4)
②クロス・S 715(3)

23 ドットのお花のサンプラー

23 ドットのお花のサンプラー

材料
- ●コスモ65100番ジャバクロス65（10オフホワイト）
  15×15cm（一個分）。
- ●コスモ25番刺繍糸
  a　黄2702　グレー895。
  b　紫554　赤855。

a

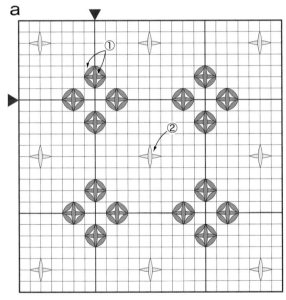

①クロス・S＋バック・S 895(3)
②クロス・S 2702(4)

b

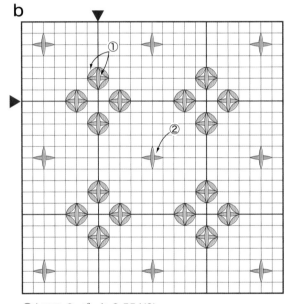

①クロス・S＋バック・S 554(3)
②クロス・S 855(4)

24 ドットとラインのサンプラー

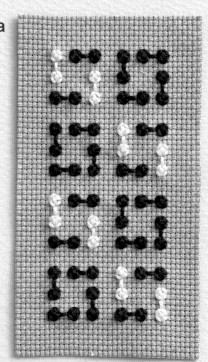

a

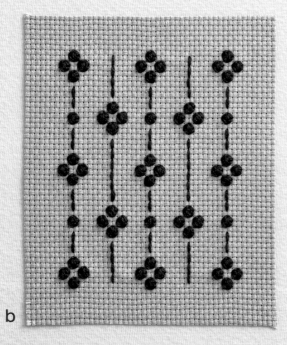

b

24 ドットとラインのサンプラー

材料
- ●コスモ65100番ジャバクロス65　15×15cm（一個分）。
  - a　54ノーブルグレー
  - b　89フローズンブルー
- ●コスモ25番刺繍糸
  - a　ブルー169　ベージュ1000。
  - b　ブルー169。

a

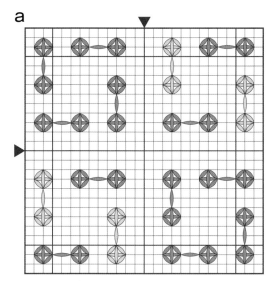

クロス・S＋バック・S、ストレート・S 169、1000 各(4)

b

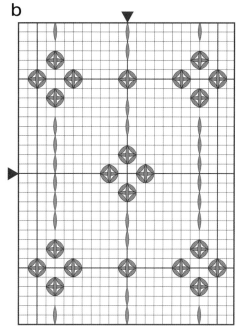

クロス・S＋バック・S、バック・S 169(3)

26 葉っぱのサンプラー

25 モノトーンのがま口

25 モノトーンのがま口

材料
- コスモ65100番ジャバクロス65(1ブラック)
  ヨコ30×タテ20cm。
- コスモ25番刺繍糸 ベージュ364。
- 裏布用木綿地 ヨコ30×タテ20cm、6cm巾丸形
  口金1個。

- 刺しゅうは、仕上がりよりも多少多めに刺すよう
  にします。

仕立て方 63ページ 参照

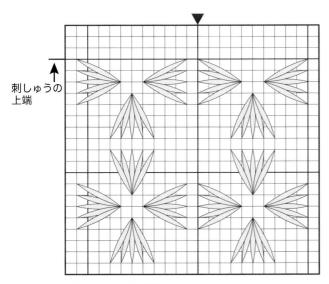

ストレート・S 364(3)

26 葉っぱのサンプラー

材料
- コスモ65100番ジャバクロス65(10オフホワイト)
  ヨコ15×タテ20cm。
- コスモ25番刺繍糸 黄773。

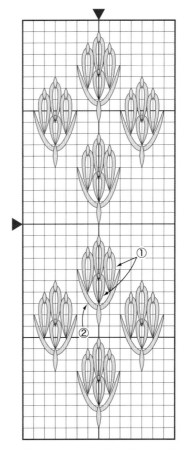

①チェーン・S、レゼーデージー・S 773(4)
②オープンレゼーデージー・S 773(4)

27　ボックス模様のサンプラー

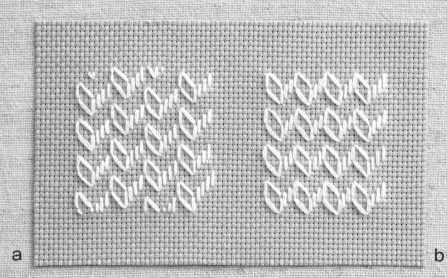

a

b

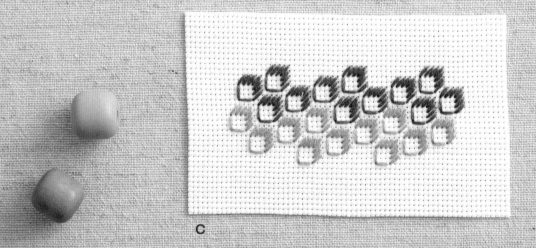

c

27 ボックス模様のサンプラー

材料
●コスモ65100番ジャバクロス65　15×15cm（一個分）。
　a、b　89フローズンブルー
　c　　　10オフホワイト
●コスモ25番刺繍糸
　a、b　白110。
　c　　　ベージュ367　ブルー983。

a

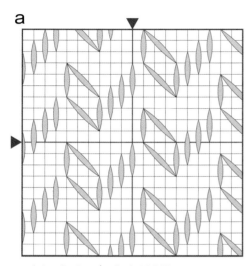

ストレート・S、バック・S 110(3)
(斜めに進む)

b

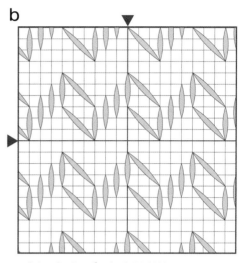

ストレート・S、バック・S 110(3)
(ヨコに進む)

c

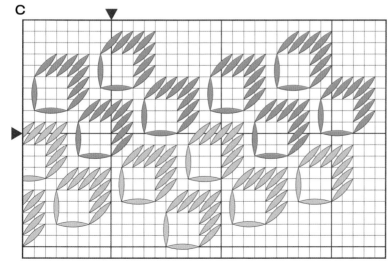

ストレート・S、バック・S 367、983 各(3)

28 鳥のモチーフ

a

b

28 鳥のモチーフ

材料
- ●コスモ65100番ジャバクロス65　15×15cm
  （一個分）。
  - a　10オフホワイト
  - b　1ブラック
- ●コスモ25番刺繍糸
  - a　ブルー668　黄2702。
  - b　ベージュ1000。

a

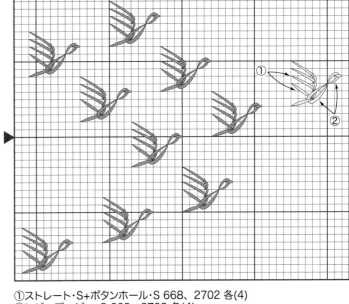

①ストレート・S＋ボタンホール・S 668、2702 各(4)
②レゼーデージー・S 668、2702 各(4)

①②拡大図

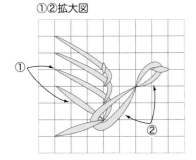

b

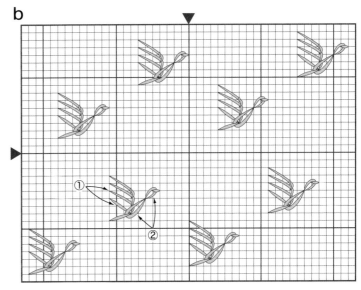

①ストレート・S＋ボタンホール・S 1000(4)
②レゼーデージー・S 1000(4)

29 ちょうちょのオーナメント

材料
- コスモ65100番ジャバクロス65(89フローズンブルー) 20×20cm。
- コスモ25番刺繍糸 白500。
- 刺しゅう枠(10cm) 1個。

仕立て方 61ページ 参照

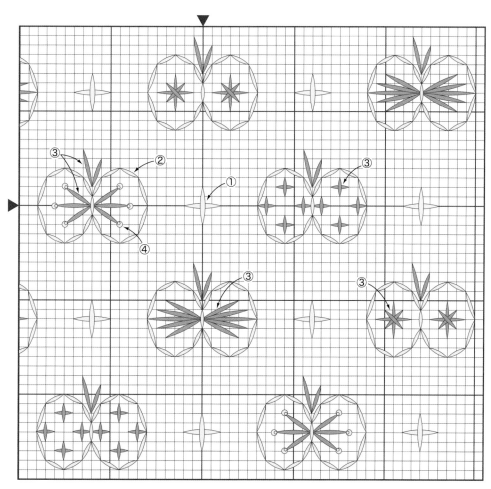

①クロス・S 500(3)
②バック・S 500(3)
③ストレート・S、クロス・S、ダブルクロス・S 500(1)
④フレンチナット・S 500(2)

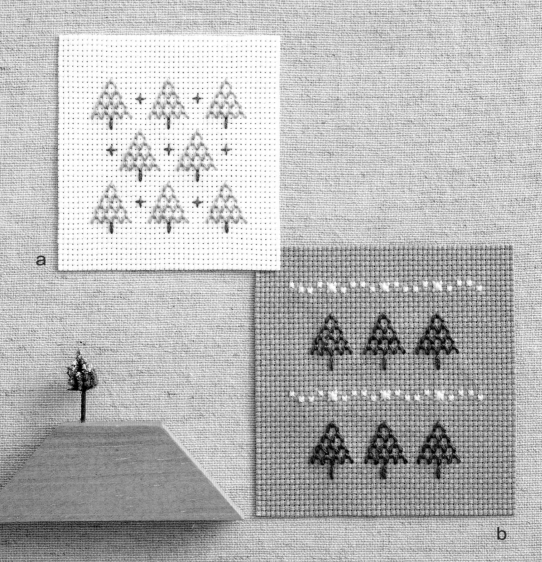

30 昼と夜の森

a

b

30 昼と夜の森

材料
- ●コスモ65100番ジャバクロス65　15×15cm（一個分）。
  - a　10オフホワイト
  - b　54ノーブルグレー
- ●コスモ25番刺繍糸
  - a　グレー369　グリーン671　ブルー734。
  - b　グリーン681・685。

a

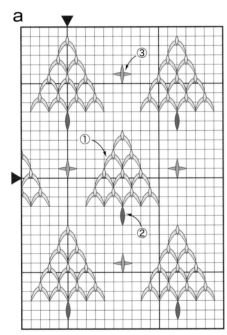

①オープンレゼーデージー・S 671(4)
②ストレート・S 369(4)
③クロス・S 734(2)

b

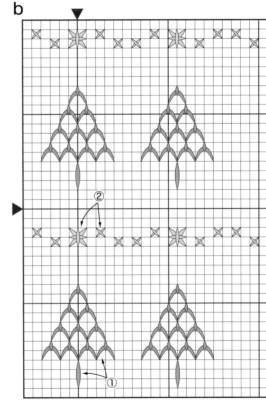

①オープンレゼーデージー・S、ストレート・S 685(4)
②ダブルクロス・S、クロス・S 681(3)

31 静かな森

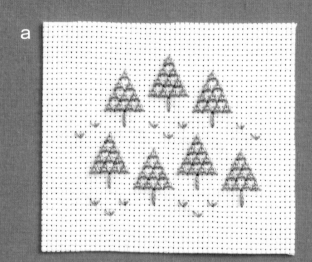

a

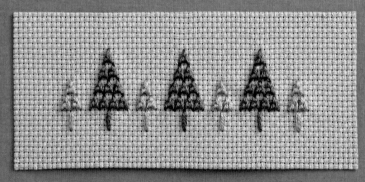

b

31　静かな森

材料
- ●コスモ65100番ジャバクロス65　15×15cm（一個分）。
  - a　10オフホワイト
  - b　54ノーブルグレー
- ●コスモ25番刺繍糸
  - a　グリーン684　ブルー733　紫2762　グレー893。
  - b　ブルー982・984。

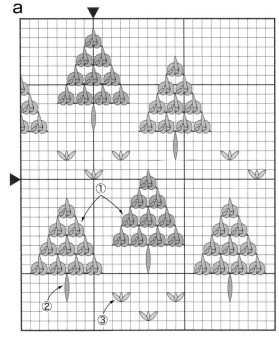

a

①ジャーマンナット・S 733、2762 各(4)
②ストレート・S 893(4)
③ストレート・S 684(2)

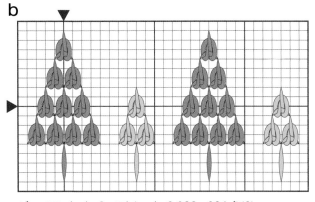

b

ジャーマンナット・S、ストレート・S 982・984 各(6)

32 木のオーナメント

33 モミの木

32 木のオーナメント

材料
- コスモ65100番ジャバクロス65(10オフホワイト) 20×20cm。
- コスモ25番刺繍糸 グレー368 青663 黄700 グリーン2924。
- 刺しゅう枠(8cm) 1個。

 仕立て方　61ページ 参照

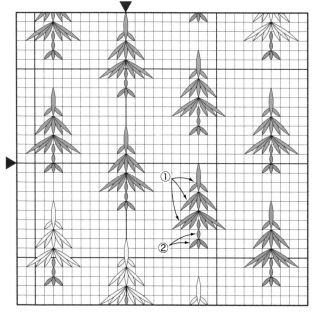

①ストレート・S 663、700、2924 各(3)
②バック・S、ストレート・S 368 各(2)

33 モミの木

材料
- コスモ65100番ジャバクロス65(54ノーブルグレー)　ヨコ20×タテ15cm。
- コスモ25番刺繍糸　ブルー169　ベージュ1000。

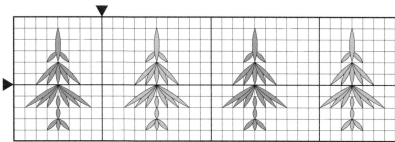

ストレート・S、バック・S 169、1000 各(3)

34 木のモチーフ

a

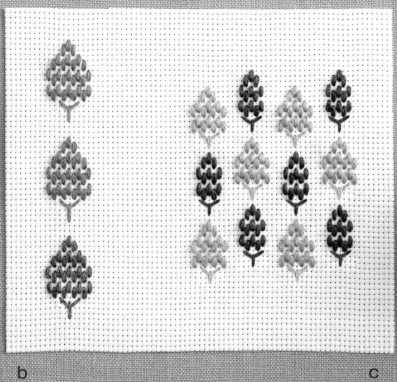

b

c

52

34 木のモチーフ

材料
● コスモ65100番ジャバクロス65（10オフホワイト）
a ヨコ20×タテ15cm　**b、c** 15×15cm（一個分）。
● コスモ25番刺繍糸
a グリーン317　紫554、2762。
b 茶310　ブルー734　赤855。
c 黄773　グリーン926。

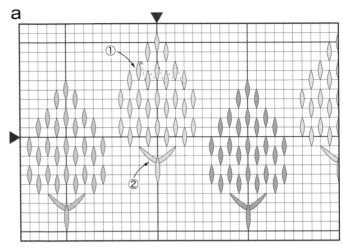

a

①ストレート・S 317、554、2762 各(6)
②オープンレゼーデージー・S 317、554、2762 各(3)

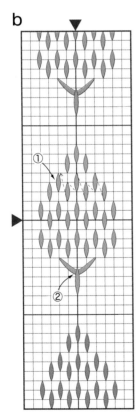

b

①ストレート・S 310、734、855 各(6)
②オープンレゼーデージー・S 310、734、855 各(3)

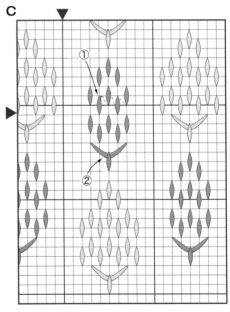

c

①ストレート・S 773、926 各(8)
②オープンレゼーデージー・S 773、926 各(3)

35 小さな木のパターン

a

b

c

d

35 小さな木のパターン

材料
- ●コスモ65100番ジャバクロス65　15×15cm（一個分）。
  - a、c、d　10オフホワイト
  - b　89フローズンブルー
- ●コスモ25番刺繍糸
  - a　ピンク463、ベージュ715。
  - b　グレー2030。
  - c　グレー895　赤857。
  - d　グレー895　黄2702。

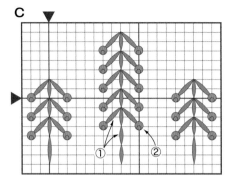

①バック・S、ストレート・S 895(2)
②フレンチナット・S 857(4)

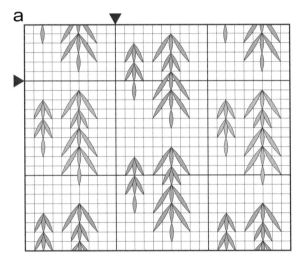

バック・S、ストレート・S 463、715 各(3)

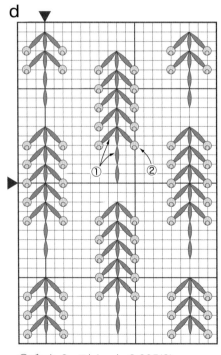

①バック・S、ストレート・S 895(2)
②フレンチナット・S 2702(4)

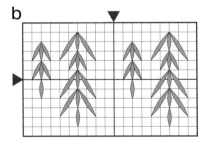

バック・S、ストレート・S 2030(3)

刺しゅうをはじめる前に

本書の見方

●布はすべてコスモ65100番ジャバクロス65[10cm平方:65目×65目]を使用しています。
●地刺し図は方眼1マスを布1目とし、ステッチ図は色を変えて区別しました。刺し方は、①、②…の順番で刺します。
●図案中の解説は、ステッチ名(「･S」はステッチの略)、糸番号(3～4桁の数字)、糸の使用本数(( )内の数字)の順で表示し、
　ステッチ図に矢印で示しています。

ステッチの基礎　この本で使っているステッチの種類とその刺し方です。解説の中では、「ステッチ」を「･S」と省略しています。

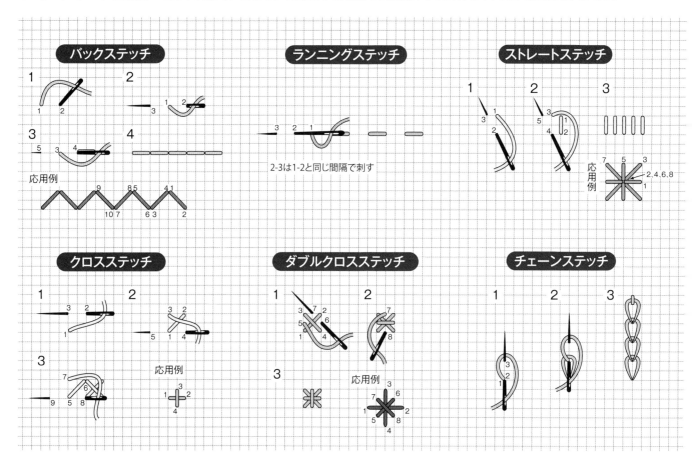

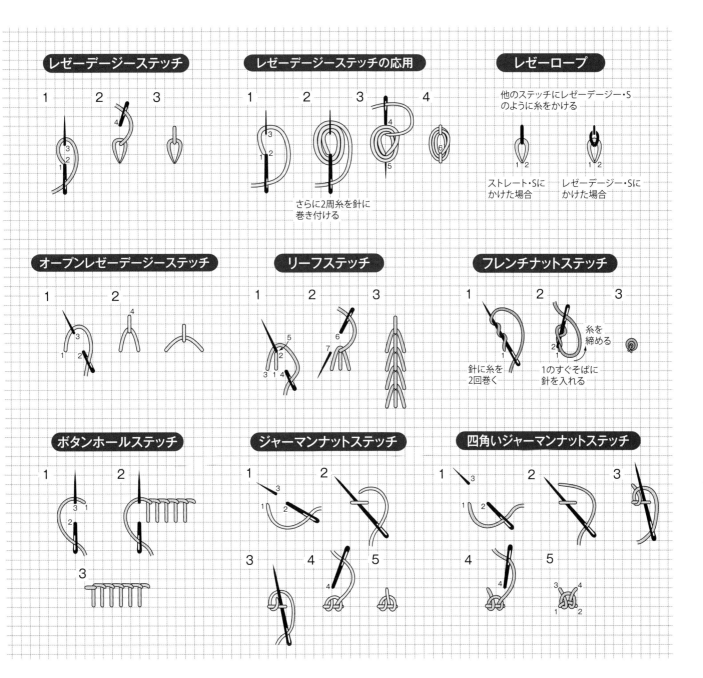

レゼーデージーステッチ

1　2　3

レゼーデージーステッチの応用

1　2　3　4

さらに2周糸を針に
巻き付ける

レゼーロープ

他のステッチにレゼーデージー・S
のように糸をかける

ストレート・Sに
かけた場合

レゼーデージー・Sに
かけた場合

オープンレゼーデージーステッチ

1　2

リーフステッチ

1　2　3

フレンチナットステッチ

1　2　3

針に糸を
2回巻く

糸を
締める

1のすぐそばに
針を入れる

ボタンホールステッチ

1　2

3

ジャーマンナットステッチ

1　2

3　4　5

四角いジャーマンナットステッチ

1　2　3

4　5

57

材料と道具

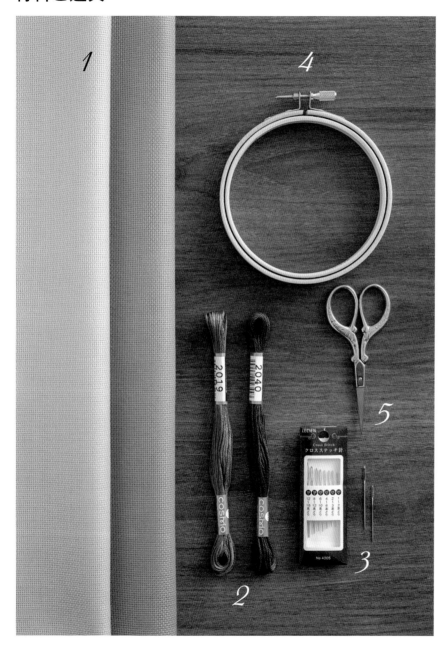

1 布

布目を拾いながら刺す地刺しには、布目の
はっきりした、タテ糸とヨコ糸が同じ目数で
織られたものが適しています。

2 25番刺しゅう糸

一般的によく使われている糸で、6本の細
い糸がゆるくよられて束になっています。使
用する時は、次頁の「糸の扱い方」を参照
し、使いやすいように準備し、必要な本数を
1本ずつ抜き取って使います。

3 刺しゅう針

刺しゅう用の針は穴が細長いところが特徴
で、針の長さや太さは、刺しゅう布の材質や
刺しゅう糸の本数によって使い分けます。
「地刺し」などのように布目を拾っていく場
合は、針先の丸いクロスステッチ針を使う
と布の織り糸を割らずにきれいに刺せます。
（次頁参照）

4 刺しゅう枠

ふつうは円型の枠を使いますが、大小さま
ざまなサイズがあるので、刺す図案の大き
さに合わせて選びましょう。
使う際は、ネジをゆるめて外枠をはずし、内
枠、布、外枠の順に重ね、布が張るように外
枠をかぶせてネジを締めます。

5 糸切りばさみ

先のとがった、よく切れるものを用意しま
しょう。

刺す前の準備

糸の扱い方

25番刺しゅう糸は紙帯をはずし、輪に巻いた状態に戻します(①図)。次に輪の中に手を入れ、糸の端と端をつまんで、からまないように輪をほどいていきます(②図)。ほどき終わって半分の長さになった糸を、さらに半分ずつ2回折り、全体を8等分の長さにしたら糸を切ります(③図)。切り終わった糸に糸番号の付いた紙帯を通しておくと、配色や糸を追加する時に便利です。糸を使う時は、面倒でも使用本数に合わせて1本ずつ糸を抜き、揃えて使用します。その時、糸の中央から抜くと、抜きやすいでしょう。1本ずつ抜くことによって、糸目が揃い、出来上がりが美しくなります(④図)。

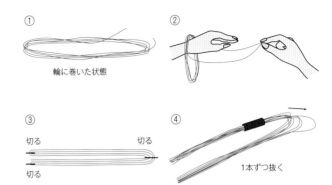

① 輪に巻いた状態
②
③ 切る　　切る
④ 1本ずつ抜く

糸を針に通す方法

針を片手に持ち、もう片方の手で糸の端を持ちます。糸を針の頭にあてたまま、糸を二つに折ります(①図)。親指と人指し指で糸の二つに折れた部分をしっかり挟み、針を抜いて糸に折り山を作ります(②図)。そのまま親指と人指し指を少し開いて糸の折り山をのぞかせ、糸を針の穴へ通します(③図)。

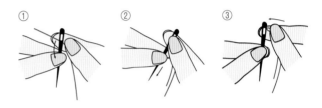

①　②　③

針と糸との関係

針の号数は、針の太さと長さを示しています。数が大きくなるほど、針は細く、短くなります。2本どり、4本どり、6本どりなど、糸の本数に合わせて、針を選びましょう。

クロスステッチ針	
16号	12〜18本どり
18号	8〜12本どり
20号	6〜10本どり
22号	4〜6本どり
24号	2〜3本どり
26号	1〜2本どり

刺しはじめと刺しおわり

刺しはじめ、刺しおわりとも、基本的に玉結びは作りません。刺しはじめは、途中で糸が抜けないように少し離れたところから針を入れ、糸端を7〜8cm残して、ステッチをはじめます。刺しおわりは裏に糸を出し、最後の針目の糸をすくい、同じように数回糸をくぐらせてから、糸を切ります。刺しはじめに残した糸にも針を通して、刺しおわりと同じように針目に糸をくぐらせてから糸を切ります。

●刺しはじめ

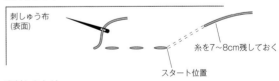

刺しゅう布(表面)
糸を7〜8cm残しておく
スタート位置

●刺しおわり

刺しゅう布(裏面)

戸塚刺しゅう研究所HPでは、動画で解説しています。
http://totsuka-shisyu.com
HOME > 戸塚刺しゅう協会 > 刺しゅうの手引き > 刺しゅうの基礎

布の準備

刺す時に布の目数を数えやすくし、間違いを防ぐために刺しゅう布に
糸印を付けることをおすすめします。
特に大きな作品ほど入れておくと大変便利です。糸印は、刺しゅう布
の仕上がり寸法の周りに沿って、しつけ糸でタテ、ヨコに同じように小
さく付けておきます。さらに、中央と中央を結んだ中心に糸印を付け
ておくとよいでしょう。

布の地直し

布目のタテとヨコが垂直になるよう、霧を吹きかけながらアイロン
(またはスチームアイロン)を当てます。

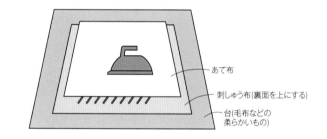

仕上げ

刺しゅう後の作品は、洗濯によって、多少型くずれするものもあります
ので、汚れが気にならないようなら、アイロンのみで仕上げてもよい
でしょう。汚れた場合は、以下の通りに洗濯します。
まず、刺しゅう糸がほつれてこないよう裏側の糸の始末を確認しましょう。
洗濯は一度水につけてから中性洗剤を入れ、やさしく押し洗いをし、
その後、水で何度もすすぎます。この時、万一余分な染料が出ても、
あわてて水から出さずに、色が出るのが止まるまで充分すいで洗
い流します。脱水はたたんで軽く脱水機にかけるか、タオルで挟んで
水分を取り、薄く糊づけします。乾燥は風通しの良い所で日陰干しを
し、アイロンは、ステッチがつぶれないように毛布などの柔らかい物
を台にして、布や糸に適した温度で仕上げます。

★美しく刺すために

- ●糸の引き加減はきつすぎず、ゆるすぎず、均一の調子で刺し、ステッチの大きさを揃えましょう。
- ●刺しているうちに、針に付けた糸がよじれてくるので、よりを戻しながら刺すとよいでしょう。
- ●何度もほどいた糸は、けば立って仕上がりが美しくありません。新しい糸に替えて刺すとよいでしょう。
- ●裏側は、糸を長く渡さないようにします。1つ1つ止めるか、または、先に刺したステッチの中を通したり、
  からめたりして糸を渡すとよいでしょう。

11.12 ピンクッション

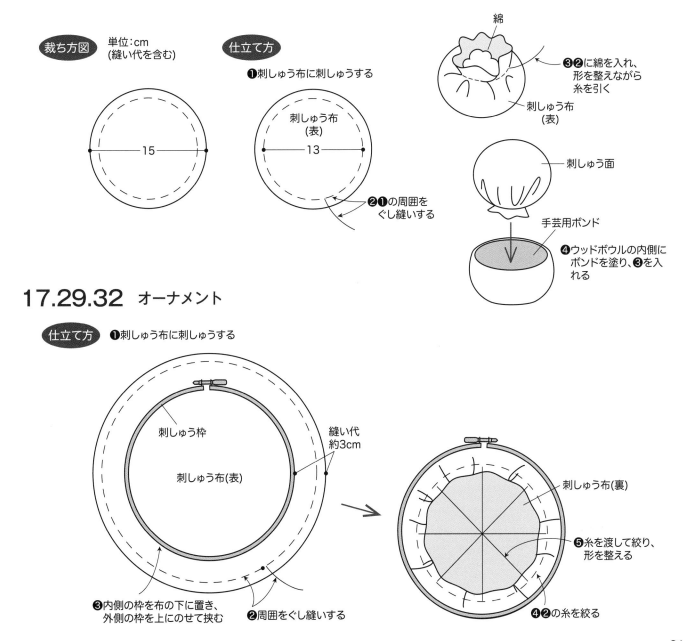

裁ち方図　単位:cm
(縫い代を含む)

仕立て方

❶刺しゅう布に刺しゅうする

刺しゅう布
(表)
13

❷❶の周囲を
ぐし縫いする

綿

❸❷に綿を入れ、
形を整えながら
糸を引く

刺しゅう布
(表)

刺しゅう面

手芸用ボンド

❹ウッドボウルの内側に
ボンドを塗り、❸を入
れる

15

17.29.32 オーナメント

仕立て方　❶刺しゅう布に刺しゅうする

刺しゅう枠

刺しゅう布(表)

縫い代
約3cm

❸内側の枠を布の下に置き、
外側の枠を上にのせて挟む

❷周囲をぐし縫いする

刺しゅう布(裏)

❺糸を渡して絞り、
形を整える

❹❷の糸を絞る

61

14.16 がま口

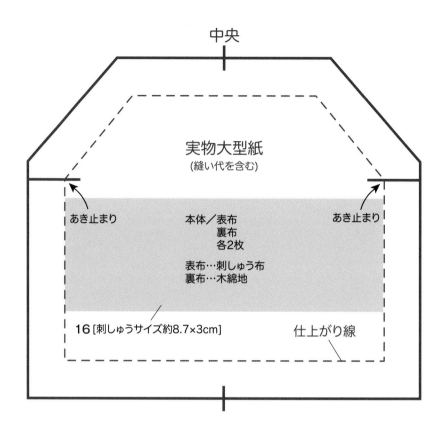

中央

実物大型紙
(縫い代を含む)

あき止まり

あき止まり

本体／表布
裏布
各2枚

表布…刺しゅう布
裏布…木綿地

16 [刺しゅうサイズ約8.7×3cm]

仕上がり線

仕立て方

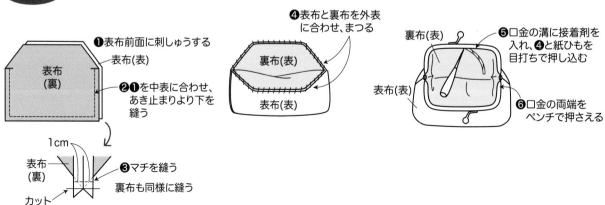

❶表布前面に刺しゅうする

表布(表)

表布
(裏)

❷❶を中表に合わせ、
あき止まりより下を
縫う

1cm

表布
(裏)

カット

❸マチを縫う
裏布も同様に縫う

❹表布と裏布を外表
に合わせ、まつる

裏布(表)

表布(表)

裏布(表)

表布(表)

❺口金の溝に接着剤を
入れ、❹と紙ひもを
目打ちで押し込む

❻口金の両端を
ペンチで押さえる

25 がま口

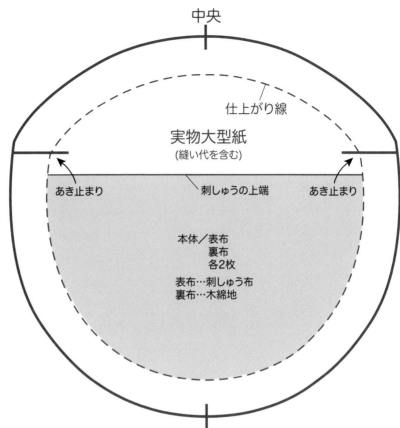

中央

仕上がり線

実物大型紙
(縫い代を含む)

あき止まり　　　　　刺しゅうの上端　　　　あき止まり

本体／表布
　　　　裏布
　　　　各2枚

表布…刺しゅう布
裏布…木綿地

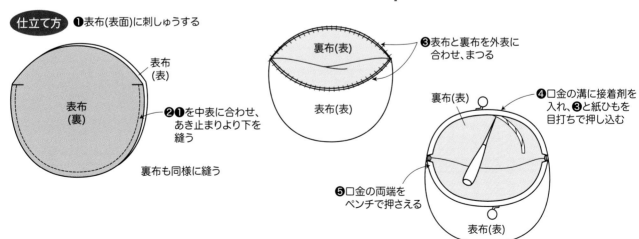

仕立て方　❶表布(表面)に刺しゅうする

表布
(表)

表布
(裏)

❷❶を中表に合わせ、
あき止まりより下を
縫う

裏布も同様に縫う

裏布(表)

表布(表)

❸表布と裏布を外表に
合わせ、まつる

裏布(表)

❹口金の溝に接着剤を
入れ、❸と紙ひもを
目打ちで押し込む

❺口金の両端を
ペンチで押さえる

表布(表)

21 くるみボタン

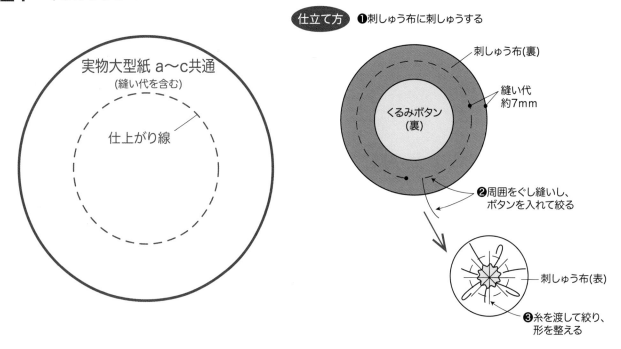

実物大型紙 a〜c共通
(縫い代を含む)

仕上がり線

仕立て方　❶刺しゅう布に刺しゅうする

刺しゅう布(裏)

縫い代
約7mm

くるみボタン
(裏)

❷周囲をぐし縫いし、
ボタンを入れて絞る

刺しゅう布(表)

❸糸を渡して絞り、
形を整える

History

昭和の初期、はじめて日本に紹介されたフランス刺しゅうは美しく華やかで、当時の婦人方にとっての憧れでもありました。この刺しゅうに魅了された戸塚きく（故、戸塚刺しゅう協会名誉会長）はフランス刺しゅうを自らのものとし、多くのご愛好者と共に刺しゅうの道を歩みはじめました。当時は戦中、戦後の辛く厳しい時代でしたが、殺伐とした社会の中で、女性として少しでも明るく、また楽しい時間を作りたい、そのような思いで刺しゅうに携わってきました。物資も少ない中で、刺しゅう材料もなかなか思うように手にできない時代にあり、また刺しゅうの表現の多様性を考えた戸塚きくは、国産で上質、色数も豊富な刺しゅう糸を育てる必要性を感じ、製糸に携わる方々と共に、刺しゅう糸の改良にも取り組みました。それが現在のコスモ刺しゅう糸（ルシアン）です。上質で色落ちしにくく、色数も豊富で布通りの良い刺し易い糸として、この本でもご紹介しています。

Staff

監修／戸塚 薫・戸塚刺しゅう研究所
作品企画・制作／戸塚刺しゅう研究所
　　　　　　　小山 友香　佐藤 理恵　松野 愛
ブックデザイン／株式会社ユニカイエ
撮影／木下 大造
協力／株式会社ルシアン
編集担当／大阿久 綾乃